La Guía Definitiva para la Nutrición del Entrenamiento con Pesas: Maximiza tu Potencial

Por

Joseph Correa

Nutricionista Deportivo Certificado

DERECHOS DE AUTOR

© 2016 FInibi Inc

Todos los derechos reservados

La reproducción o traducción de cualquier parte de este trabajo más allá de lo permitido por la sección 107 o 108 del Acta de Derechos Reservados de los Estados Unidos de 1976 sin el permiso del propietario de los derechos de autor es contra la ley.

Esta publicación está diseñada para proveer de información precisa y acreditada respecto a la materia del tema cubierto. Es vendida en el entendimiento que ni el autor ni la editorial están comprometidos en brindar consejo médico. Si se requiere de consejo o asistencia médica, consulta a un doctor. Este libro es considerado una guía y no debe ser utilizado de ninguna forma perjudicial para tu salud. Consulta a un médico antes de comenzar este plan nutricional para asegurarte que es el adecuado para ti.

AGRADECIMIENTOS

La realización y el éxito de este libro no sería posible sin la motivación y el apoyo de mi familia.

La Guía Definitiva para la Nutrición del Entrenamiento con Pesas: Maximiza tu Potencial

Por

Joseph Correa

Nutricionista Deportivo Certificado

CONTENIDOS

DERECHOS DE AUTOR

AGRADECIMIENTOS

Acerca Del Autor

¿POR QUÉ ESTA GUÍA NUTRICIONAL?

INTRODUCCIÓN

Motivación por Necesidad

CAPÍTULO 1: La Guía Definitiva para la Nutrición del Entrenamiento con Pesas: Maximiza tu Potencial

CAPÍTULO 2: Come, Duerme y Respira tu Camino hacia un Cuerpo Más Delgado

Tu arma secreta TMR

CAPÍTULO 3: Cómo Ponerte en Forma 24 Horas al Día

Acelerando tu metabolismo para incrementar el desempeño

CAPÍTULO 4: Mejor Desempeño a través de los Antioxidantes

Cambia tu estilo de vida nutricional ahora para obtener resultados a largo plazo y tiempos de recuperación más rápidos

CAPÍTULO 5: Tú Eres Lo Que Comes

Comprométete a mejorar tu mente y tu cuerpo

CAPÍTULO 6: El Secreto Para Tener Los Mejores Abdominales

Consigue el aspecto que quieres

ACERCA DEL AUTOR

Como un nutricionista deportivo certificado y atleta profesional, he viajado alrededor del mundo y competido con algunos en el mundo. El poder compartir sobre lo que he aprendido y sobre lo que creo es importante para mí. Mi conocimiento y experiencia ha ayudado a mis estudiantes a lo largo de los años. Entre más conoces del juego, mejor lo harás. Para ser exitoso en el entrenamiento con pesas se requiere que tengas una base cardiovascular fuerte para proteger a tu corazón por todo el empuje, los jalones y la flexibilidad que se hace.

En el entrenamiento con pesas necesitas tener fuerza, poder, flexibilidad y consistencia para ver resultados. La nutrición es un componente principal en el proceso del entrenamiento con pesas y de esto es de lo que trata este libro.

¿POR QUÉ ESTA GUÍA NUTRICIONAL?

Como un nutricionista deportivo y atleta profesional, he estudiado e investigado en muchos libros sobre nutrición y dietas para ayudarme a alcanzar mi potencial en la competencia pero me he dado cuenta que muchos de los libros investigados ofrecen soluciones mediante suplementos y fórmulas mejoradoras del músculo lo cual no es de lo que trata este libro. ¿Si quieres una solución fácil y de corto plazo este no es el libro correcto para ti? Este libro es para gente que quiere resultados efectivos y de larga duración en una forma natural que no cause efectos secundarios o problemas años después. Si, puedes tomar suplementos y sustancias que mejoren el desempeño si así lo quieres pero estos no fueron creados naturalmente y por ello no son perfectos para tu cuerpo. Hay maneras naturales de alimentar tu cuerpo y obtener resultados grandiosos sin decepciones futuras en tu salud. Yo quiero la mejor nutrición para mi cuerpo y tú también deberías. Después de viajar y encontrar mi ambiente nutricional favorito en una pequeña aldea en Sudamérica, decidí adoptar su dieta y modificarla para mis necesidades atléticas. Esto es lo que encontrarás en este libro.

Pocos libros de dieta se enfocan en una población real que haya usado esos métodos nutricionales por cientos de años. Todos los atletas deberían tomar ventaja de este conocimiento que ha tenido éxito de largo plazo.

Para que un grupo de personas haya vivido hasta más de los cien años de edad todavía enérgicos y atléticos, tal como la gente de Vilcabamba lo ha hecho, sin tener problemas serios de salud es un logro sorprendente. Es por ello que mucha de la investigación de este libro estuvo basada en su enfoque de la nutrición. Los estilos de vida basados en comer alimentos frescos y porciones moderadas de comida y un consistente ejercicio DIARIO te ayudarán a lograr un mejor estilo de vida para los años por venir.

Las siguientes páginas te ayudarán a darte cuenta lo fácil que podría ser el seguir esta guía nutricional e incrementar tu TMR. Combinado con ejercicio diario y regular para construir más músculo notarás los efectos en tu salud; resultando en piel más limpia, un sistema digestivo más regular, la prevención de múltiples enfermedades y padecimientos incluyendo hipertensión, diabetes, cáncer de colon y muchos otros. Además, podría ser posible notar mejoras en padecimientos que ya están presentes, resultando en una reducción de la dosis o cantidad de medicamentos actuales solamente con comer más saludable y ejercitarte regularmente.

Aceptémoslo; todos queremos vivir por más tiempo pero también queremos continuar siendo productivos en nuestros últimos años! Por tanto, ¿no tiene sentido asimilar lo que una pequeña aldea localizada en un ambiente de poco oxígeno, sin cuidados de salud y sin comida rápida ha hecho por cientos de años con resultados espectaculares? Buena suerte y diviértete cambiando tu vida para bien!

Este libro y sus ejercicios son la clave para ayudarte a alcanzar tus metas. Joseph Correa, un nutricionista deportivo certificado y atleta profesional que se ha dedicado él mismo a mejorar su desempeño mediante una mejor nutrición y ejercicios de entrenamiento de calidad. A través de su extenso conocimiento y experiencia, se han convencido de la importancia de una nutrición adecuada y del ejercicio.

Este libro fue creado como una guía paso a paso fácil de seguir para ponerse en forma. Para obtener el máximo provecho de ella sigue estos pasos:

Primero, lee cada capítulo en orden. No te saltes ningún capítulo pues podrías perder consejos importantes que podrían maximizar los beneficios a tu salud.

Segundo, escribe tus metas dietéticas diarias y mensuales basadas en las pautas provistas en este libro.

Vuelve a leer este libro una vez que lo hayas terminado, para reforzar y memorizar los temas valiosos que encontrarás dentro.

Cuarto, LLEVA ESTE LIBRO A DONDE QUIERA QUE VAYAS PARA QUE LO TENGAS A LA MANO CUANDO ENTRENES O COMO UNA REFERENCIA RÁPIDA.

INTRODUCCIÓN

La Guía Definitiva a la Nutrición del Entrenamiento con Pesas te enseñará como incrementar tu TMR (tasa metabólica en reposo) para acelerar tu metabolismo y ayudarte a cambiar tu cuerpo para bien. Aprende como ponerte en óptima forma y alcanzar tu peso ideal mediante nutrición inteligente para que puedas desempeñarte al máximo. El comer carbohidratos completos, proteínas y grasas naturales en las cantidades y porcentajes adecuados e incrementar tu TMR te hará más rápido, más ágil y más resistente.

Este libro te ayudará a:

-Prevenir los calambres

-Tener menos lesiones

-Recuperarte más rápido tras una competencia o entrenamiento

-Tener más energía antes, durante y después de la competencia

El comer bien y mejorar la manera en que alimentas a tu cuerpo también reducirá las lesiones y serás menos propenso a ellas en el futuro. El ser muy grueso o muy delgado son dos causas comunes de que sucedan las lesiones y son la causa principal por la que muchos levantadores de pesas tienen problemas alcanzando su desempeño máximo. Se explican a detalle tres opciones de planes nutricionales. Puedes seleccionar cuál es la mejor para ti dependiendo de tu condición física general. Uno de los primeros cambios que ve la mayoría de la gente que inicia este plan nutricional es la resistencia. Se cansan menos y tienen más energía. Cualquier levantador de pesas que quiera estar en su mejor forma necesita leer este libro y comenzar a realizar cambios a largo plazo que los llevarán al lugar en el que quieren estar. No importa dónde estás ahora o lo que estás haciendo, siempre puedes mejorarte a ti mismo.

Joseph Correa es un nutricionista deportivo certificado y un atleta profesional.

MOTIVACIÓN POR NECESIDAD

Tengo una teoría que la mayoría de las cosas que son importantes en la vida para nuestro desarrollo como seres humanos; las hacemos por necesidad, no porque así lo queramos (al menos para la mayoría de nosotros). Por ejemplo, los hombres y mujeres de las cavernas no tenían opción; si querían comer tenían que cazar o cultivar comida con lo que había disponible.

Sentimos la necesidad de estar saludables. Sentimos la necesidad de lucir mejor. Tenemos la necesidad de vivir más tiempo y en la mejor condición física posible. Todas esas son las necesidades que sentimos debido a que está en nuestra naturaleza hacerlo.

Tener la motivación para ir un paso adelante cada día hacia esas metas es lo que realmente importa. Levantarte cada día y sentirte feliz contigo mismo y con lo que estás logrando impulsa a ese dragón de la motivación en ti. Me gusta llamarlo el "dragón de la motivación" porque tienes que sentir el fuego dentro de ti que a su vez te llevará a iniciar y continuar algo grandioso. Esto, a final de cuentas, cambiará tu vida para siempre.

Un cambio en el estilo de vida es importante pero un cambio en los hábitos es todavía más crítico ya que este es el que hace la diferencia. <u>Los hábitos son acciones inconscientes que comienzan como decisiones conscientes</u>. En otras palabras, tienes que decidirte mentalmente a hacerlas y después comenzar a tomar los pasos necesarios para que ocurran y puedas hacerlas de forma inconsciente todo el tiempo.

Recuérdate a ti mismo que TÚ PUEDES y ALCANZARÁS TUS METAS!

Mi intención sincera es ayudarte a lograr la mejor condición física posible y que seas feliz con los resultados.

Empecemos con lo bueno!

Descargo de responsabilidad: Consulta a tu médico antes de iniciar este plan nutricional. Además, asegúrate que la información dietética y nutricional en este libro sea repasada por tu médico antes de iniciar o aplicarla en tu vida. Lleva este libro cuando veas a tu médico para que él o ella confirmen que el ejercicio y la dieta son adecuados para ti.

CAPÍTULO 1

LA GUÍA DEFINITIVA PARA LA NUTRICIÓN DEL ENTRENAMIENTO CON PESAS:

Maximiza Tu Potencial

Los levantadores de pesas requieren de mucha energía para durar y permitirles estar alertas por largos períodos de tiempo sin cansarse. Este plan nutricional te ayudará a alcanzar esto y muchas de tus metas nutricionales para que puedas obtener lo mejor de tu cuerpo. Esta guía de nutrición tiene una semejanza muy cercana a los hábitos alimenticios de la gente de Vilcabamba quienes poseen un récord en longevidad lo que sirve como una base perfecta para cualquier atleta que quiera alcanzar un desempeño máximo para el largo plazo y sea capaz de mantenerlo a través de los años. Ellos ponen un gran ejemplo para todos los levantadores de pesas debido a su enfoque en fuentes de energía orgánicas.

Esto permitirá a todos los levantadores de pesas desempeñarse al máximo por el período de tiempo más largo sin efectos negativos a futuro en el cerebro y el cuerpo, a diferencia de algunas sustancias que mejoran el desempeño y que quitan del cuerpo elementos esenciales para crear procesos naturales en el cuerpo y los alteran para crear mejoras a corto plazo.

Todos los levantadores de pesas deben comer muchas frutas, vegetales y alimentos con proteína (pollo, huevos, pavo, pescado, etc.). La ingesta de carbohidratos complejos debe ser reducida a un máximo de arroz integral, pasta, pan natural e ingredientes orgánicos. En la aldea de Vilcabamba se bebe mayormente agua, jugos de fruta naturales y leche. Todo lo que ellos comen y beben está compuesto de alimentos naturales, sin procesar ni enlatar y sin preservativos. A pesar de que se venden algunos refrescos y comida chatarra en la aldea, estos no son sugeridos en esta dieta. Usando este conocimiento acerca de sus hábitos alimenticios y otros hechos médicos, hemos creado una guía de nutrición que te ayudará a vivir y a competir de forma más sana y a vivir más tiempo. También te permitirá controlar mejor tu peso y la forma de tu cuerpo.

Este libro no es un libro típico de dieta donde se te habla acerca de una bebida mágica que te hace perder pedo o de pastillas que te hacen perder 10 libras en una semana. Hay dietas que se enfocan en no comer casi nada en absoluto. Muchas de estas dietas tienen un efecto negativo a largo plazo en tu mente y cuerpo. <u>La verdad es que NO hay una fórmula mágica!</u> La clave para lograr una mejor forma es simplemente comer correctamente y ejercitarse. El hacer estas dos cosas de forma correcta es de lo que trata este libro.

¿Por qué nos estamos enfocando en la respuesta a tus problemas primero?

El saber qué es necesario hacer no nos garantiza que sabrás cuáles son los pasos necesarios que te llevarán ahí!

¿Por qué tenemos un problema de malnutrición y obesidad tan serio en todo el mundo y por qué ha aparecido en los jóvenes también?

Siempre hay algo en la vida que vas a negar y de lo que después te vas a arrepentir. Esto es específicamente cierto al hablar de salud. Usualmente, los problemas físicos empiezan pequeños y continúan hasta hacerse muy difíciles de manejar y es por ello que necesitamos prevenirlos comenzando con nuestros jóvenes..

Encontrando la Perspectiva

Intento pensar acerca de la vida en términos muy básicos. Si dejas fuera todos los avances tecnológicos que desordenan nuestras vidas y te enfocas en un estilo de vida más básico, te encontrarás a ti mismo en un ambiente muy diferente. ¿Qué quiero decir con esto? *Bien, digamos que no tuviéramos TV, internet o teléfonos celulares. Digamos que no existieran autos, aviones o escaleras eléctricas. No más hot dogs, hamburguesas, gaseosas ni comida rápida (estos no son avances tecnológicos pero nos desharemos de ellos de todas formas)*. No te desmayes por favor! Se que la mayoría de nosotros no podemos vivir sin esas cosas pero sólo estamos tratando de ponerlas en perspectiva. ¿Qué te queda en cuanto a comida? Todavía tenemos frutas y vegetales que vienen de las plantas y los árboles. Todavía tenemos carne en forma de pollo, res, pescado y puerco. ¿Pero adivina qué? Quizás tengamos que conseguir el pez u otros animales que queramos comer y eso implica hacer ejercicio físico. Tenemos que caminar, escalar y estirarnos para recolectar mangos o manzanas de los árboles. Todo esto requiere que caminemos, corramos o dicho de otra forma, que quememos más calorías.

Ahora, una vez que hayamos capturado o cosechado nuestra comida tenemos qué prepararla. ¿Tenemos un microondas o estufa para cocinarla? No, pero quizás tengamos una sartén o un recipiente para calentarlo con fuego. También podrías tomar algo de sol al cazar o al recolectar las frutas. ¿Sabes lo importante que es tener un poco de sol para tu salud? Vamos a usar un ejemplo.

En aguas tropicales, en algunas partes del mundo, existen los delfines rosas. Aunque parezca extraño hay una razón muy lógica. Esos delfines viven en áreas con una alta densidad de vida de plantas tropicales donde hay muy poca luz del sol atravesando el agua. Debido a esta deficiencia en la luz del sol, su piel se ha vuelto casi transparente y eso les da a los delfines una apariencia rosada. Tienes qué verlo para creerlo, pero el punto es que tú también necesitas un poco de sol, así que intenta tomarlo de vez en cuando. No lo hagas en exceso! El suficiente sol es bastante bueno.

Sé que esta es una forma inusual de pensar pero al menos sabemos lo simple que podemos hacer nuestra vida y al mismo tiempo ser más saludables. No estoy diciendo que debas vivir de esta forma, pero deberías tratar de aplicar algunas de estas ideas básicas que han sido olvidadas por los cambios en nuestra sociedad y los avances en la tecnología. Suizas decidas ir caminando a la tienda de abarrotes para comprar comida y hacer una rutina de ejercicio al mismo tiempo. Quizás decidas estacionarte un poco más lejos de tu trabajo para caminar extra. Cuando estás en el parque con tus hijos, corre con ellos o ve a nadar los domingos en familia. En lugar de preparar comida o comer alimentos preparados con aceite o mantequilla, intenta hervirlos, usar el horno o cocer al vapor.

Haz tu máximo esfuerzo para asegurarte que la mayoría de lo que comes tenga un valor nutricional fuerte y esté tan fresco como sea posible. Esto te ayudará a mantenerte saludable y en forma para los años venideros.

Este libro está dividido en 3 estilos de vida de levantamiento de pesas:

Estilo de Vida de Levantador de Pesas de Cardio Bajo (EACB):

Esta fase dietética es para levantadores de pesas que requieren menos alimentos que contengan carbohidratos complejos (incluyen pero no están limitados a: pasta, arroz integral, avena, frijoles, lentejas, etc.). Estas personas no necesitan almacenar tantas reservas de energía y por lo tanto deberían tener un porcentaje más alto de alimentos que contengan proteínas, legumbres, vegetales, lácteos, frutas y otros.

EACB es para levantadores de pesas que no realizan más de 30 minutos de cardio por día como parte de su entrenamiento y también durante la competencia. Puedes ser flexible durante la competencia ya que algunas de las condiciones y cambios en el ambiente pueden cambiar la forma en la que absorbes la comida. Esto podría deberse al país en el que estás compitiendo, o podrías sentir náusea antes de competir, o también debido a la comida disponible en esa área.

Después del primer mes de completar esta fase dietética y complementarla con una combinación con tu regimiento de entrenamiento físico regular, puedes decidir a continuarla o adaptar la dieta a tus necesidades en caso que sientas que necesitas añadir más proteínas o carbohidratos o lácteos.

Estilo de Vida de Levantador de Pesas de Cardio Medio (EACM):

Esta fase dietética es para levantadores de pesas que requieren un porcentaje específico de alimentos que contengan carbohidratos complejos (incluyen pero no están limitados a: pasta, arroz integral, avena, frijoles, lentejas, etc.). para mantener un estilo de vida de intensidad de cardio media, y que al mismo tiempo consuman un porcentaje mayor de alimentos que contengan proteínas, lácteos, legumbres y frutas.

EACM es para atletas que completan un mínimo de 30 minutos de ejercicios cardiovasculares como parte de su entrenamiento físico diario que puede incluir (si realizas entrenamiento cruzado): nadar, correr, caminar, andar en bicicleta, saltar, remar o practicar deportes que combinen cualquiera de las actividades mencionadas anteriormente.

Estilo de Vida de Levantador de Pesas de Cardio Alto (EACA):

Esta fase dietética es para levantadores de pesas que requieren un porcentaje más alto de alimentos que contengan carbohidratos complejos para mantener su estilo de vida de cardio intenso de una forma balanceada y saludable y manteniendo al mismo tiempo un alto porcentaje de alimentos con proteínas, legumbres, vegetales, frutas y nueces.

El EACA es para quienes entrenan más de una hora al día de ejercicio cardiovascular. Una hora diaria de rutinas de cardio de alta intensidad incluye al menos (si realizas entrenamiento cruzado): correr, nadar, remar, saltar o andar en bicicleta. Esto es especialmente importante para levantadores de pesas que realizan mucho ejercicio cardiovascular ya que requieren de más carbohidratos para mantenerse en buena condición física y permitir que sus cuerpos se recuperen.

La pirámide de la guía de Alimentos del USDA contiene los siguientes grupos de alimentos.

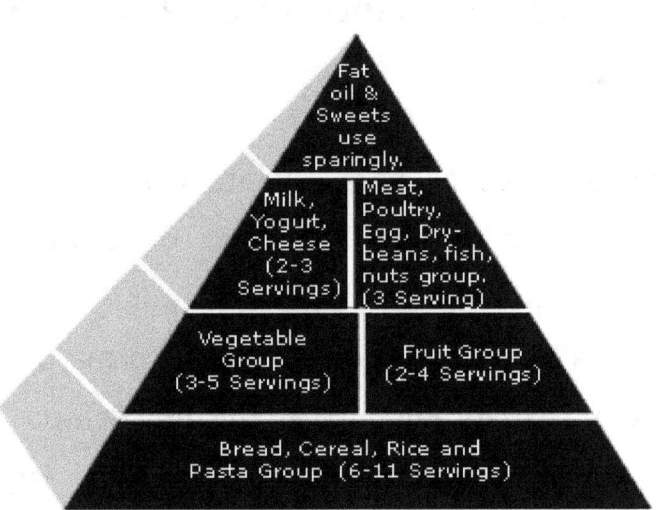

a) Grupo de Pan, Cereales, Arroz, Pasta (6 a 11 porciones): Este grupo consiste en las comidas altas en carbohidratos y está ubicado al fondo de la pirámide, indicando que deberían ser ingeridos más frecuentemente y formar una parte importante de una dieta diaria. La lógica detrás de ingerir más carbohidratos complejos es que estos proveen energía así que una persona necesitaría comer menos grasa. Es recomendable que la persona tenga de 6 a 11 porciones de este grupo.

b) Vegetales (3-5 porciones) y Frutas (2-4 porciones): No hay duda que las frutas y los vegetales son buenos para el cuerpo. Las frutas y los vegetales proveen al cuerpo de las vitaminas esenciales y otros nutrientes y mantienen alejadas a las enfermedades y padecimientos. Una persona debería tener de 3 a 5 porciones de vegetales y de 2 a 4 porciones de fruta por día.

c) Grupo de Carne, Pollo, Pescado, Frijoles Secos, Huevos y Nueces (2 a 3 porciones): Este grupo provee al cuerpo de proteínas. Las proteínas ayudan a construir los tejidos del cuerpo y los músculos. Una persona debería ingerir de 2 a 3 porciones de este grupo al día.

d) Grupo de la Leche, Yogurt y Queso (2-3 porciones): Este grupo provee proteínas y calcio que hace fuertes a los huesos y previene problemas de salud relacionados con la degeneración de la masa ósea. Una persona debería ingerir de 2 a 3 porciones de este grupo al día.

e) Grasas, Aceites y Dulces (comer moderadamente): Este grupo debería ser consumido esporádicamente. La grasa lleva a la obesidad y problemas de corazón. Demasiada azúcar también lleva a la obesidad, la cual puede crear problemas de salud en el futuro.

La Guía Definitiva para la Nutrición del Entrenamiento con Pesas

La pirámide de la guía alimenticia proporciona una excelente forma de asegurar que los requisitos nutricionales del cuerpo sean cubiertos apropiadamente. Siguiendo esta guía, un individuo recibirá todos los requerimientos diarios en términos de energía, proteínas, vitaminas y otros nutrientes esenciales.

Estos son los tamaños de porciones recomendadas para alimentos altos en carbohidratos.

Vegetales: 1 taza de vegetales crudos, o ½ media taza de vegetales cocidos o ¾ de taza de jugo vegetal. Fruta: 1 fruta de tamaño medio (como una manzana mediana o 1 naranja mediana), ½ taza de fruta enlatada o en trozos, o ¾ de taza de jugo de fruta. Panes y cereales: 1 rebanada de pan; 1 onza o 2/3 de taza de cereal listo para comer; ½ taza de arroz cocido, pasta o cereal; ½ taza de frijoles secos cocidos, lentejas o guisantes secos.

Lácteos: 1 taza de leche descremada o baja en grasa.

La ingesta apropiada de proteínas, grasas y carbohidratos para quienes no son atletas es:

Proteínas 12%

Carbohidratos 58%

Grasas 30%

La ingesta apropiada de proteínas, grasas y carbohidratos para la mayoría de los atletas es:

Proteínas 15% - 20%

Carbohidratos 60% - 65%

Grasas 20% - 25%

Los culturistas ingieren más proteínas para añadir músculo y masa, con las proteínas en un 35-40% de su dieta para los culturistas profesionales.

Actividad Física Aeróbica Versus Anaeróbica:

Existen 2 tipos principales de actividad física: Actividad aeróbica y anaeróbica.

La actividad anaeróbica se define como la actividad llevada a cabo sin la presencia de oxígeno, la cual no puede ser llevada a cabo por períodos largos de tiempo.

Este tipo de actividad depende en gran medida de los tirones de las fibras musculares. Algunos ejemplos de actividad anaeróbica es el levantamiento de pesas y las carreras a toda velocidad. Tales actividades no pueden ser llevadas a cabo por largos períodos de tiempo. Este tipo de actividad ayuda a construir tejido magro y mejora la composición corporal. La prueba de capacidad anaeróbica es una prueba que mide la habilidad del cuerpo para desempeñar ejercicio de corta duración a una intensidad muy alta. La prueba de bicicleta de Wingate es comúnmente utilizada para probar la capacidad anaeróbica.

La Salud Aeróbica, también conocida como salud cardiovascular es la habilidad del cuerpo para desempeñar un ejercicio en un período extenso de tiempo en la presencia de oxígeno. Este tipo de actividad depende en gran medida en un tirón lento de las fibras musculares e incluye actividades como andar en bicicleta y correr un maratón.

Un programa de entrenamiento que combine salud cardiovascular y salud muscular permite que más sangre oxigenada sea llevada en cada latido y esto incrementa la mioglobina en los músculos para que puedan tomar más cantidades de oxígeno, permitiendo realizar más trabajo. Es por ello que es una decisión inteligente realizar entrenamiento cruzado. En el levantamiento de pesas, poder combinar el entrenamiento aeróbico con el anaeróbico te dará los mejores resultados antes, durante y después de la competencia.

ALGUNOS DE LOS ALIMENTOS QUE SE USARÁN PARA EL PLAN DE NUTRICIÓN SON:

Carbohidratos Complejos

(Cada una es considerada 1 porción)

Carbohidratos matutinos	Carbohidratos de mediodía
(1 taza)	(1/2 taza)
Avena	Arroz integral
2 rebanadas de pan tostado	Pasta
Cereal Raisin Bran	1 rebanada de pan tostado integral
Cereal Oat Bran	Pasta integral
Cereal integral	Arroz salvaje
Mitad de un bagel integral	1 camote (batata)
Mitad de rebanada de pan de pita	1 papa horneada
1 panqué de salvado	Frijoles negros, rojos y alubias
1 waffle integral	Lentejas
1 panqué integral	Chícharos (guisantes)

Proteínas

(Cada una es considerada 1 porción)

No más de tres carnes oscuras a la semana y un mínimo de 3 tipos de pescado por semana.

Proteínas matutinas	Proteínas de mediodía	Proteínas de la tarde
4 claras de huevo	4 claras de huevo	Salmón 4oz.
Jamón 4 oz.	Jamón 4 oz.	Jamón 4 oz.
Pescado (cualquiera) 4oz	Pescado (cualquiera) 4oz	Pescado (cualquiera) 4oz
1 lata de atún	1 lata de atún	1 lata de atún
Rebanada de pavo 4oz.	Pavo 4oz.	Pavo 4oz.
1 taza de camarones	1 taza de camarones	Tilapia 4oz.
Bistec o carne roja 4oz.	Bistec o carne roja 4oz.	Bistec o carne roja 2oz.
1 tira de tocino	Puerco 4oz.	Puerco 2oz.
Pollo u otra ave 4oz.	Pollo u otra ave 4oz.	Pollo u otra ave 4oz.

La Guía Definitiva para la Nutrición del Entrenamiento con Pesas

Mariscos (Información Nutricional)

Cocidos (con calor húmedo o seco sin ingredientes añadidos), porción de peso comestible
Valores Diarios en Porcentaje (%VD) están basados en una dieta de 2000 calorías.

Mariscos Tamaño de Porción (84g/3 oz)	Calorías	Calorías de Grasa	(g) Grasa Total	(%VD)	(g) Grasa Saturada	(%VD)	(mg) Colesterol	(%VD)	(mg) Sodio	(%VD)	(mg) Potasio	(%VD)	(g) Carb. Total	(%VD)	(g) Proteína	Vitamina A	Vitamina C	Calcio	Hierro
Jaiba	100	10	1	2	0	0	95	32	330	14	300	9	0	0	20	0	4	10	4
Bagre	130	60	6	9	2	10	50	17	40	2	230	7	0	0	17	0	0	0	0
Almejas, 12 pequeñas	110	15	1.5	2	0	0	80	27	95	4	470	13	6	2	17	10	0	8	30
Bacalao	90	5	1	2	0	0	50	17	65	3	460	13	0	0	20	0	2	2	2
Solla roja /lenguado	100	15	1.5	2	0	0	55	18	100	3	390	11	0	0	19	0	0	2	0
Eglefino	100	10	1	2	0	0	70	23	85	4	340	10	0	0	21	2	0	2	6
Halibut	120	15	2	3	0	0	40	13	60	3	500	14	0	0	23	4	0	2	6
Langosta	80	0	0.5	1	0	0	60	20	320	13	300	9	1	0	17	2	0	6	2
Perca de mar	110	20	2	3	0.5	3	45	15	95	4	290	8	0	0	21	0	2	10	4
Reloj anaranjado	80	5	1	2	0	0	20	7	70	3	340	10	0	0	16	2	0	4	2
Ostiones, 12 medianos	100	35	4	6	1	5	80	27	300	13	220	6	6	2	10	0	6	6	45
Abadejo	90	10	1	2	0	0	80	27	110	5	370	11	0	0	20	2	0	0	2
Trucha Arcoíris	140	50	6	9	2	10	55	18	35	1	370	11	0	0	20	4	4	8	2
Pez de roca	110	15	2	13	0	0	40	13	70	3	440	13	0	0	21	4	0	2	2
Salmón, Atlántico/ Plateado/ Rojo/ Chinook	200	90	10	15	2	10	70	23	55	2	430	12	0	0	24	4	4	2	2
Salmón, Chum/ Rosado	130	40	4	6	1	5	70	23	65	3	420	12	0	0	22	2	0	2	4

La Guía Definitiva para la Nutrición del Entrenamiento con Pesas

Vieiras, aprox. 6 grandes o 14 pequeñas	140	10	1	2	0	0	65	22	310	13	430	12	5	2	27	2	0	4	14
Camarón	100	10	1,5	2	0		170	57	240	10	220	6	0	0	21	4	4	6	10
Pez espada	120	50	6	9	1,5	8	40	13	100	4	310	9	0	0	16	2	2	0	6
Tilapia	110	20	2,5	4	1	5	75	25	30	1	360	10	0	0	22	0	2	0	2
Atún	130	15	1,5	2	0	0	50	17	40	2	480	14	0	0	26	2	2	2	4

Fuente: Administración de Alimentos y Medicinas

de los Estados Unidos

Vegetales y Legumbres

(1-2 tazas en total para cualquiera de los de abajo)

Varía entre vegetales de hojas crudas, vegetales cocidos y jugo de vegetales

V y L matutinos	V y L de mediodía	V y L de la tarde
Lechuga	Lechuga	Lechuga
Tomate	Tomate	Tomate
Zanahorias	Brócoli	Brócoli
Espinacas	Zanahorias	Zanahorias
Guisantes verdes	Espinacas	Espinacas
Apio	Guisantes verdes	Guisantes verdes
Pepino	Apio	Apio
Jugo de vegetal	Pepino	Pepino
Judías verdes	Jugo de vegetal	Jugo de vegetal
Hongos (champiñones)	Calabacita	Calabacita
Germinado	Judías verdes	Judías verdes
Betabel (remolacha)	Coliflor	Coliflor
	Hongos (champiñones)	Hongos (champiñones)
	Repollo (col)	Repollo (col)
	Pimientos	Pimientos
	Germinado	Germinado
	Betabel (remolacha)	Betabel (remolacha)

Vegetales (Información Nutricional)

Porción cruda de peso comestible
Valores Diarios en Porcentaje (%VD) están basados en una dieta de 2000 calorías.

Vegetales Tamaño de Porción (peso gramos/ peso onzas)	Calorías	Calorías de Grasa	(g) Grasa Total	(%VD)	(g) Sodio	(%VD)	(mg) Potasio	(%VD)	(mg) Carb. Totales	(%VD)	(mg) Fibra Dietética	(%VD)	(g) Azúcares	(g) Proteína	Vitamina A	Vitamina C	Calcio	Hierro
Espárragos 5 troncos (93 g / 3.3 oz)	20	0	0	0	0	0	230	7	4	1	2	8	2	2	10	15	2	2
Pimientos 1 mediano (148 g / 5.3 oz)	25	0	0	0	40	2	220	6	6	2	2	8	4	1	4	190	2	4
Brócoli 1 tronco mediano (148 g / 5.3 oz)	45	0	0.5	1	80	3	460	13	8	3	3	12	2	4	6	220	6	6
Zanahoria 1 zanahoria, 7" largo, 1 ¼ diámetro (78 g / 2.8 oz)	30	0	0	0	60	3	250	7	7	2	2	8	5	1	110	10	2	2
Coliflor 1/6 cabeza mediana (99 g / 3.5 oz)	25	0	0	0	30	1	270	8	5	2	2	8	2	2	0	100	2	2
Apio 2 troncos medianos (110 g / 3.9 oz)	15	0	0	0	115	5	260	7	4	1	2	8	2	0	10	15	4	2
Pepino 1/3 mediano (99 g / 3.5 oz)	10	0	0	0	0	0	140	4	2	1	1	4	1	1	4	10	2	2
Judías verdes ¾ taza cortadas (83 g / 3.0 oz)	20	0	0	0	0	0	200	6	5	2	3	12	2	1	4	10	4	2
Repollo verde 1/12 cabeza mediana (84 g / 3.0 oz)	25	0	0	0	20	1	190	5	5	2	2	8	3	1	0	70	4	2

La Guía Definitiva para la Nutrición del Entrenamiento con Pesas

Alimento																	
Cebolla verde ¼ taza cortada (25 g / 0.9 oz)	10	0	0	0	10	0	70	2	2	1	1	4	1	0	2	8	2	2
Lechuga Iceberg 1/6 cabeza mediana (89 g / 3.2 oz)	10	0	0	0	10	0	125	4	2	1	1	4	2	1	6	6	2	2
Lechuga 1 ½ tazas rallada (85 g / 3.0 oz)	15	0	0	0	35	1	170	5	2	1	1	4	1	1	130	6	2	4
Hongos 5 medianos (84 g / 3.0 oz)	20	0	0	0	15	0	300	9	3	1	1	4	0	3	0	2	0	2
Cebolla 1 mediana (148 g / 5.3 oz)	45	0	0	0	5	0	190	5	11	4	3	12	9	1	0	20	4	4
Papa 1 mediana (148 g / 5.3 oz)	110	0	0	0	0	0	620	18	26	9	2	8	1	3	0	45	2	6
Rábano 7 rábanos (85 g / 3.0 oz)	10	0	0	0	55	2	190	5	3	1	1	4	2	0	0	30	2	2
Calabaza de verano ½ mediana (98 g / 3.5 oz)	20	0	0	0	0	0	260	7	4	1	2	8	2	1	6	30	2	2
Maíz dulce Granos de una pieza mediana (90 g / 3.2 oz)	90	20	2.5	4	0	0	250	7	18	6	2	8	5	4	2	10	0	2
Camote/batata 1 mediano, 5" largo, 2" diámetro (130 g / 34.6 oz)	100	0	0	0	70	3	440	13	23	8	4	16	7	2	120	30	4	4
Tomate 1 mediano (148 g / 5.3 oz)	25	0	0	0	20	1	340	10	5	2	1	4	3	1	20	40	2	4

Frutas, Nueces y Semillas *(Varían entre fruta cruda, fruta congelada, jugo de fruta y fruta seca.)*

Frutas (1-2 tazas)	Nueces (1-2 cucharadas)	Semillas/otras (1-2 cucharadas)
Manzanas		Semillas de girasol
Peras	Cacahuate	Semillas de calabaza
Plátanos	Anacardo	Semillas de linaza
Piña	Nuez de nogal	Semillas de ajonjolí
Naranjas	Pistachos	Aguacate
Mandarinas	Almendras	Aceitunas negras
Toronja	Avellana	Aceitunas verdes
Zarzamora	Nuez de Brasil	Aceite de linaza
Arándano	Pacana (nuez)	Aceite de canola
(mora azul)	Nuez de macadamia	Aceite de oliva
Fresas		
Ciruelas		
Duraznos		
Cerezas		
Fruta de la Pasión		
Papaya		
Kiwi		
Melón		
Sandía		
Jugo de Fruta		

La Guía Definitiva para la Nutrición del Entrenamiento con Pesas

Frutas (Información Nutricional)

Porción cruda de peso comestible
Valores Diarios en Porcentaje (%VD) están basados en una dieta de 2000 calorías.

Frutas Tamaño de Porción (peso gramos/peso onzas)	Calorías	Calorías de Grasa	(g) Grasa Total	(%VD)	(g) Sodio	(%VD)	(mg) Potasio	(%VD)	(mg) Carb. Totales	(%VD)	(mg) Fibra Dietética	(%VD)	(g) Azúcares	(g) Proteína	Vitamina A	Vitamina C	Calcio	Hierro
Manzana 1 grande (242 g / 8 oz)	130	0	0	0	0	0	260	7	34	11	5	20	25	1	2	8	2	2
Aguacate 1/5 mediano (30 g / 1.1 oz)	50	35	4.5	7	0	0	140	4	3	1	1	4	0	1	0	4	0	2
Plátano 1 mediano (126 g / 4.5 oz)	110	0	0	0	0	0	450	13	30	10	3	12	19	1	2	15	0	2
Melón ¼ mediano (134 g / 4.8 oz)	50	0	0	0	20	1	240	7	12	4	1	4	11	1	120	80	2	2
Toronja ½ mediana (154 g / 5.5 oz)	60	0	0	0	0	0	160	5	15	5	2	8	11	1	35	100	4	0
Uvas ¾ taza (126 g / 4.5 oz)	90	0	0	0	15	1	240	7	23	8	1	4	20	0	0	2	2	0
Melón chino 1/10 mediano (134 g / 4.8 oz)	50	0	0	0	30	1	210	6	12	4	1	4	11	1	2	45	2	2
Kiwi 2 medianos (148 g / 5.3 oz)	90	10	1	2	0	0	450	13	20	7	4	16	13	1	2	240	4	2
Limón 1 mediano (58 g / 2.1 oz)	15	0	0	0	0	0	75	2	5	2	2	8	2	0	0	40	2	0
Lima 1 mediana (67 g / 2.4 oz)	20	0	0	0	0	0	75	2	7	2	2	8	0	0	0	35	0	0

La Guía Definitiva para la Nutrición del Entrenamiento con Pesas

Nectarina 1 mediana (140 g / 5.0 oz)	60	5	0.5	1	0	0	250	7	15	5	2	8	11	1	8	15	0	2
Naranja 1 mediana (154 g / 5.5 oz)	80	0	0	0	0	0	250	7	19	6	3	12	14	1	2	130	6	0
Durazno 1 mediano (147 g / 5.3 oz)	60	0	0.5	1	0	0	230	7	15	5	2	8	13	1	6	15	0	2
Pera 1 mediana (166 g / 5.9 oz)	100	0	0	0	0	0	190	5	26	9	6	24	16	1	0	10	2	0
Piña 2 rebanadas, 3" diámetro, ¾" grueso (112 g / 4.0 oz)	50	0	0	0	10	0	120	3	13	4	1	4	10	1	2	50	2	2
Ciruela 2 medianas (151 g / 5.4 oz)	70	0	0	0	0	0	230	7	19	6	2	8	16	1	8	10	0	2
Fresas 8 medianas (147 g / 5.3 oz)	50	0	0	0	0	0	170	5	11	4	2	8	8	1	0	160	2	2
Cerezas dulces 21 cerezas; 1 taza (140 g / 5.0 oz)	100	0	0	0	0	0	350	10	26	9	1	4	16	1	2	15	2	2
Mandarina 1 mediana (109 g / 3.9 oz)	50	0	0	0	0	0	160	5	13	4	2	8	9	1	6	45	4	0
Sandía 1/18 sandía mediana; 2 tazas de piezas en cubos (280 g / 10.0 oz)	80	0	0	0	0	0	270	8	21	7	1	4	20	1	30	25	2	4

Alimentos Lácteos y Snacks *(Cada uno es 1 porción)*
Preferentemente lácteos bajos en grasas

Lácteos
1 taza de leche (8oz)
1 taza de leche de soya (8oz)
Queso bajo en grasa (2 rebanadas)
½ taza de queso cottage
1 taza de yogurt bajo en grasa (8oz)
¼ taza de queso mozzarella
  bajo en grasa
¼ de taza de queso de soya
1 barra de nieve de yogurt
  baja en grasa
1 taza de yogurt bajo en grasa (8oz)

Snacks
1 barra helada de fruta
Fruta seca (½ taza)
Chocolate oscuro (2 cucharadas)
1 barra multigrano
5 galletas saladas bajas en sal
1 barra de proteína
Pretzels (½ taza)
Palomitas de maíz (½ taza)
1 torta de arroz baja en grasa

CONSEJOS ÚTILES:

- ➢ Mantén cualquier condimento en tu comida al mínimo, una cucharada por comida. Sólo lo necesario para darle sabor a tu comida.
- ➢ En lugar de azúcar, utiliza miel para endulzar tus bebidas y comidas. Si es absolutamente necesario utilizar azúcar, asegúrate que sea azúcar morena.

La nutrición deportiva es más que sólo lo que comes;

Es cuándo y cómo comes!

Toma al menos 6-8 vasos de agua al día

Toma 1 vaso de agua al despertar, 1 antes de cada comida y 1 antes de ir a la cama.

Come 6 alimentos de tamaño chico o mediano por día

Deberías comer cada tres horas. Utiliza un temporizador, un reloj medidor o tu teléfono celular para monitorear el tiempo ya que es igual de importante que lo que comes. Si ingieres comidas de tamaño chico o mediano cada tres horas, le permites a tu cuerpo digerir la comida en una manera eficiente y en una forma que no haga trabajar de más al sistema digestivo. Algunas personas comen tres comidas grandes por día y después deben esperar varias horas hasta que no se sienten llenos de nuevo, pero esto es exactamente lo que no se debe hacer.

Mastica, después traga!

Suena muy simple, pero con el ritmo de vida ocupado de hoy las personas tienden a no masticar y tragan directamente la comida. Eso no permite que tu cuerpo procese la comida en la forma en que debería hacerlo, así que asegúrate de tomar el tiempo para masticar tu comida. Tus dientes tienen un propósito y ese propósito es descomponer la comida antes de que llegue a tu estómago para que cumpla la función que le corresponde. Recuerda, el no masticar tu comida significa que tu estómago tiene que trabajar más duro y eso significa tiempos de espera más largos para la digestión que causan malestares o gases.

No carbohidratos o fruta después del atardecer.

No hay necesidad de almacenar energía que no vas a utilizar mientras duermes. Intenta alejarte de las comidas grandes después del atardecer. Asegúrate de consumir un snack saludable si necesitas prevenir comer en exceso durante esos momentos o simplemente toma un vaso con agua.

Siempre encuentra tiempo para ejercitarte o hacer alguna forma de estiramiento cuando te despiertes, ya que este es el tiempo ideal del día para ponerte en forma y evitar lesiones.

Guía Nutricional para los EACBs

Lunes - Sábado (porcentaje diario a consumir)

15% carbohidratos complejos - 40% proteínas - 15% vegetales y legumbres -

15% frutas y nueces - 15% alimentos lácteos y snacks

O el equivalente en porciones diarias

Carbohidratos (1-2 porciones) - proteínas (4-6 porciones) - vegetales y legumbres (3-6

porciones) - Frutas y nueces (1-2 porciones) - alimentos lácteos y

snacks (1-3 porciones)

Domingo

(Algunos levantadores de pesas no entrenan los Domingos o una vez a la semana así que una vez por semana las porciones de los alimentos cambiarán. Estamos usando el Domingo como ese día.)

15% carbohidratos complejos - 40% proteínas - 15% vegetales y legumbres -

15% frutas y nueces - 15% alimentos lácteos y snacks

O el equivalente en porciones diarias

Carbohidratos (1-3 porciones) - proteínas (3-5 porciones) - vegetales y legumbres (3-6

porciones) - Frutas y nueces (1-3 porciones) - alimentos lácteos y

snacks (1-3 porciones)

Los porcentajes mostrados son para el consumo diario de esos grupos de comidas y las porciones son para la cantidad máxima de veces que se te permite consumir esos grupos de comidas. Sigue las gráficas de los grupos de comida proporcionados al principio del libro como una guía de lo que puedes comer excepto por los lácteos, los cuales eres libre de escoger el tipo y cantidad debido a la variedad de preferencias y condiciones médicas que existen.

Guía Nutricional para los EACMs

Lunes - Sábado

20% carbohidratos complejos - 40% proteínas - 15% vegetales y legumbres -

10% frutas y nueces - 15% alimentos lácteos y snacks

O el equivalente en porciones diarias

Carbohidratos (1-2 porciones) - proteínas (4-6 porciones) - vegetales y legumbres (3-6

porciones) - Frutas y nueces (1-2 porciones) - alimentos lácteos y

snacks (1-3 porciones)

Domingo

(Algunos levantadores de pesas no entrenan los Domingos o una vez a la semana así que una vez por semana las porciones de los alimentos cambiarán. Estamos usando el Domingo como ese día.)

20% carbohidratos complejos - 40% proteínas - 15% vegetales y legumbres -

10% frutas y nueces - 15% alimentos lácteos y snacks

O el equivalente en porciones diarias

Carbohidratos (1-2 porciones) - proteínas (4-6 porciones) - vegetales y legumbres (3-6

porciones) - Frutas y nueces (1-3 porciones) - alimentos lácteos y

snacks (1-3 porciones)

Los porcentajes mostrados son para el consumo diario de esos grupos de comidas y las porciones son para la cantidad máxima de veces que se te permite consumir esos grupos de comidas. Sigue las gráficas de los grupos de comida proporcionados al principio del libro como una guía de lo que puedes comer excepto por los lácteos, los cuales eres libre de escoger el tipo y cantidad debido a la variedad de preferencias y condiciones médicas que existen.

Guía Nutricional para los EACAs

Lunes - Sábado

20% carbohidratos complejos - 40% proteínas - 15% vegetales y legumbres -

10% frutas y nueces - 15% alimentos lácteos y snacks

O el equivalente en porciones diarias

Carbohidratos (1-2 porciones) - proteínas (4-6 porciones) - vegetales y legumbres (3-6

porciones) - Frutas y nueces (1-2 porciones) - alimentos lácteos y

snacks (1-3 porciones)

Domingo

(Algunos levantadores de pesas no entrenan los Domingos o una vez a la semana así que una vez por semana las porciones de los alimentos cambiarán. Estamos usando el Domingo como ese día.)

20% carbohidratos complejos - 40% proteínas - 15% vegetales y legumbres -

10% frutas y nueces - 15% alimentos lácteos y snacks

O el equivalente en porciones diarias

Carbohidratos (1-2 porciones) - proteínas (4-6 porciones) - vegetales y legumbres (3-6

porciones) - Frutas y nueces (1-2 porciones) - alimentos lácteos y

snacks (1-2 porciones)

Los porcentajes mostrados son para el consumo diario de esos grupos de comidas y las porciones son para la cantidad máxima de veces que se te permite consumir esos grupos de comidas. Sigue las gráficas de los grupos de comida proporcionados al principio del libro como una guía de lo que puedes comer excepto por los lácteos, los cuales eres libre de escoger el tipo y cantidad debido a la variedad de preferencias y condiciones médicas que existen.

CAPÍTULO 2

COME, DUERME Y RESPIRA TU CAMINO HACIA UN CUERPO MÁS DELGADO

Tu Arma Secreta TMR

La TMR también es conocida como la tasa de metabolismo en reposo y es el número de calorías quemadas mientras tu cuerpo está en reposo debido a las funciones normales del cuerpo tales como la tasa de latidos y las funciones de respiración. Esta cuenta por el 75% de las calorías totales quemadas durante el día. Esto puede variar de una persona a otra dependiendo de la edad, la cantidad de grasa en tu cuerpo y otros factores. Entre menos grasa tengas en tu cuerpo, tendrás más musculo y tu TMR será más alta; quemarás más calorías descansando, incluso cuando duermes. Esto es lo que la mayoría de la gente considera como tener un buen metabolismo pero en realidad significa tener una alta

TMR. Tener una TMR alta te hará ser más delgado y será más fácil para ti mantenerte delgado cada día. ¿Cómo logras esto? Puedes hacerlo cambiando lo que comes para reducir las grasas y azúcares, y añadiendo músculo a tu cuerpo.

Todos y cada uno de los días son una oportunidad para volver a estar en forma. Cuando estás cansado del trabajo y constantemente ocupado con todas las cosas tediosas de la vida, dejas de pensar acerca de la importancia de cuidar tu cuerpo y tu mente. Por esta razón, he preparado un horario diario para ayudarte a <u>ponerte en forma todo el día mientras comes, duermes y respiras.</u> ¿Cómo es esto posible? Puedes lograrlo simplemente al acelerar tu metabolismo. Una manera natural de hacer esto es al realizar pequeños cambios en tu vida que tengan un efecto inmediato en tu cuerpo.

Este horario diario puede ser cambiado para adaptarse a tu estilo de vida así como a tu horario de entrenamiento. <u>Las cosas que ya haces en un día normal serán resaltadas en negritas para recordarte que en realidad no estás cambiando tu horario del día a día.</u>

Recuerda, tú eres el único que puede mantenerte motivado lo suficiente para seguir este horario. Ejercitarte todos los días y seguir esta guía de nutrición requiere sacrificio y ser capaz de alejarte de las tentaciones.

La Guía Definitiva para la Nutrición del Entrenamiento con Pesas

Tentaciones

Todos los días pasamos por una confitería o una máquina expendedora llena de dulces. Esos son los momentos en que tienes que mantenerte fuerte. Mira hacia otro lado! Piensa en otra cosa. Piensa en el trabajo. Piensa en tu familia. Piensa lo duro que estás trabajando para ponerte y mantenerte en forma. No hay nadie que te impida que te comas una dona o una gaseosa o unas papas fritas, depende de ti ser disciplinado. Cada vez que eres capaz de resistir a la tentación, serás mucho más fuerte. En caso que nunca hayas hecho esto antes, no vayas de compras a la tienda de abarrotes con el estómago vacío porque seguramente comprarás cosas que no deberías de comer.

Deja de fumar.

Fumar VA A bajar tu expectativa de vida y lo que es más importante, VA A disminuir tu calidad de vida! Esta guía de nutrición debe ser utilizada para mejorar tu longevidad y desempeño como levantador de pesas a través del ejercicio físico y una nutrición mejorada. Fumar trabajará en tu contra y tus metas para mejorar tus hábitos de salud.

Consume menos alcohol.

Beber alcohol te deshidratará mucho más rápido que la mayoría de las otras bebidas así que no sería recomendable que añadas esto a tu plan nutricional. Consulta a tu ductor para sabe cuánto es suficiente para ti.

Mejora tus técnicas de respiración

Los ejercicios de respiración estáticos, Yoga, Pilates, estiramiento y otras formas de ejercicios de respiración te ayudarán a reducir tus niveles de estrés.

Menos estrés = Una vida más larga

Estos ejercicios son tanto para hombres como para mujeres. Han cambiado mi vida y estoy seguro que harán lo mismo por ti. Estos son sólo algunos de los beneficios que verás:

- Flexibilidad mayor
- Músculos de la base y la espalda más fuertes
- Postura mejorada
- Estrés menor

La Guía Definitiva para la Nutrición del Entrenamiento con Pesas

El Horario de Ejercicio y Nutrición Ideal

Lunes – Viernes

7:00 AM   Toma un vaso de agua cuando *despiertes*.

7:15 AM   Completa un mínimo de 5 ejercicios abdominales o 5 ejercicios de estiramiento.

8:00 AM   Toma un vaso de agua, leche o jugo y después *come el desayuno*. Basa tu desayuno en el plan de dieta explicado en el capítulo 1.

8:30 AM   Entrena como normalmente lo harías en un día de la semana.

10:00 AM   Toma un vaso de agua.

11:00 AM   Come una fruta y una barra multigranos (u otro snack basado en la lista proporcionada en el capítulo 1.). Puedes agregar o remplazarlo con yogurt o rebanadas de una proteína (pavo, jamón, roast beef, pescado, pollo, etc.).

11:10 AM   Después de tomar tu snack asegúrate de tomar un break de 5 minutos para estirarte y respirar, o simplemente relaja tu cuerpo para que lo prepares para la comida en un ambiente tranquilo.

2:00 PM   Toma un vaso de agua, jugo, leche u otro líquido y después *toma el almuerzo*.

2:45 PM   Descansa al menos 30 minutos a 1 hora para permitir que tu cuerpo haga la digestión completa de la comida.

4:00 PM   Comienza tu entrenamiento de la tarde, que puede incluir ir al gimnasio o simplemente descansar si tu entrenamiento matutino fue suficiente.

5:00 PM   Completa los ejercicios abdominales proporcionados en el capítulo 6.

6:30 PM   Toma un vaso de agua, leche o jugo antes de *cenar*. Recuerda comer sólo los alimentos explicados en el plan de nutrición del primer capítulo.

8:30 PM   Come un snack si todavía tienes hambre. Asegúrate de comer cantidades pequeños. <u>Recuerda que después de anochecer ya no debes comer carbohidratos, frutas o alimentos que contengan estos.</u>

10:00 PM   Debes beber al menos un baso de agua antes de ir a *dormir incluso si duermes más temprano o más tarde que el horario especificado.*

Puedes ajustar el horario y los ejercicios siempre y cuando todos los pasos sean completados y estén en orden. Además, asegúrate que permanezcas dentro del rango de 3 horas de diferencia entre las comidas y tomes un mínimo de 6 a 8 vasos de agua antes del final del día.

Mejorando la calidad de los eventos en tu vida y en tu horario diario te ayudará a perder o ganar peso incluso cuando estés durmiendo ya que tu metabolismo se acelerará a una tasa más rápida y lo llevará incluso a tus horas de sueño.

Sábado

Para el horario del Sábado simplemente reemplazaremos el tiempo del trabajo con el tiempo en casa, entretenimiento o realizando algunas tareas. El Sábado se vería más o menos así:

7:00 AM   Toma un vaso de agua cuando *despiertes*.

7:15 AM   Haz un estiramiento matutino de 5 minutos para relajar tus músculos y prepararlos para el día que empieza.

8:00 AM   Toma un vaso de agua, leche o jugo y después *come el desayuno*. Basa tu desayuno en el plan de dieta explicado en el capítulo 1.

8:30 AM   Entrena como normalmente lo harías en un día de la semana.

10:00 AM   Toma un vaso de agua.

11:00 AM   Come una fruta y una barra multigranos (u otro snack basado en la lista proporcionada en el capítulo 1.). Puedes agregar o remplazarlo con yogurt o rebanadas de una proteína (pavo, jamón, roast beef, pescado, pollo, etc.).

11:10 AM   Después de tomar tu snack asegúrate de tomar un break de 5 minutos para estirarte y respirar, o simplemente relaja tu cuerpo para que lo prepares para la comida en un ambiente tranquilo.

2:00 PM   Toma un vaso de agua, jugo, leche u otro líquido y después *toma el almuerzo*.

2:45 PM   Descanso

5:30 PM   Toma un vaso de agua, leche o jugo antes de *cenar*. Recuerda ingerir sólo los alimentos de la guía nutricional provista al inicio de este libro.

8:30 PM   Ingiere una pequeña comida e incluye un vaso de agua con esta.

10:00 PM   Bebe un vaso de agua antes de ir a *dormir*.

Tu Registro de Ejercicio y Dieta Diario

Asegúrate de hacer copias para cada día que completes este registro. Conserva todos los registros completados para que puedas revisarlos al final del mes. Usa el horario de abajo como una referencia para completar este registro.

TIEMPO	MI RUTINA DE EJERCICIO Y DIETA PARA HOY *DIETA - EJERCICIO - LUGAR*
7:00am	
8:00am	
9:00am	
10:00am	
11:00am	
12:00pm	
1:00pm	
2:00pm	
3:00pm	
4:00pm	
5:00pm	
6:00pm	
7:00pm	
8:00pm	
9:00pm	
10:00pm	

Comentarios:

CAPÍTULO 3

COMO PONERTE EN FORMA LAS 24 HORAS DEL DÍA

Acelerando tu metabolismo para incrementar el desempeño

¿Qué si te dijera que puedes ponerte en forma las 24 horas del día? ¿Suena imposible? Déjame decirte cómo hacerlo a través de un simple proceso que podría sorprenderte en cierto sentido por su simplicidad, pero primero nos enfocaremos en los tres componentes principales para mantenerte en forma y perder o ganar peso. Estos son: Paciencia, repetición y enfoque.

Paciencia

Toma tiempo ganar peso. Algunas personas pasan un año o más incrementando su peso sin siquiera controlarlo. Bajar todo ese peso que nos ha tomado tanto tiempo para acumularlo lleva tiempo si deseas resultados duraderos. Permíteme repetir esto una vez más porque es un concepto muy difícil de entender. Toma tiempo perder todo el peso que has acumulado a través de los años. Si quieres resultados rápidos solo trabaja más inteligentemente y mejora tu nutrición. Si pierdes peso rápidamente, puedes estar seguro que volverá igual de rápido si no continuas haciendo lo que hiciste para perderlo. *No te vayas por el camino fácil* porque no durará y estarás de vuelta donde comenzaste. Sé paciente ya que las pequeñas pérdidas o incrementos en el peso son más valiosas en el largo plazo que las grandes que siempre vuelven. Tu cuerpo se ajustará gradualmente a las rutinas de ejercicio y al plan nutricional. Eso significa que estarás construyendo tus nuevos resultados cada vez. Sólo sé paciente.

PESO BALANCEADO

Con el tiempo tu peso corporal funciona como un sube y baja.

Tu peso se incrementará a medida que avance el tiempo si no tomas los pasos necesarios para mantenerlo en un nivel saludable y disminuirá con el paso de los años si no trabajas duro para controlarlo. Mantener tu peso corporal es un asunto de equilibrio entre la nutrición y el ejercicio (arriba).

PESO DESBALANCEADO

Repetición

Cambiar tu estilo de vida toma tiempo e implica decisiones permanentes. Si decides comenzar a entrenar pero terminas entrenando una vez a la semana o cada dos semanas, entonces obviamente sabrás cuál tipo de resultados vas a obtener. Tienes que ser constante. Además, necesitas ser repetitivo en lo que hagas, desde el primer día del mes hasta el último día del mes. Suena como mucho trabajo, pero debes darte cuenta que actualmente haces muchas cosas en una forma constante que quizás no te hayas dado cuenta. ¿Comes al menos tres veces al día, todos los días de cada mes del año? <u>¿Ves televisión al menos una hora todos los días de cada mes ?</u> ¿Te cambias de ropa cada día de cada mes del año? ¿Y te duchas cada día de cada mes del año? Si contestaste "sí" a estas preguntas, significa que hacer un montón de cosas en una forma consistente. Apuesto a que mucha gente ni siquiera se da cuenta que hace todas estas cosas a diario. Es algo que definitivamente debes usar a tu favor, agregando algunos ejercicios y un plan de dieta efectivo a esas actividades diarias.

Hay "soluciones fáciles" que pueden llevarte a donde quieres estar pero la mayoría del tiempo tendrán implícito algún efecto secundario o de salud. De esto no es de lo que se trata este libro. Estás trabajando para obtener <u>resultados a largo plazo que perduren</u> y que eventualmente se vuelvan parte de tu vida. Es por ello que es importante adherirte a estos ejercicios y permitirles que se vuelvan parte de tu vida diaria.

Lo más importante es ser consistente si deseas resultados de largo plazo así que enfócate en llegar ahí.

Enfócate

Enfocarte es el arte de ser capaz de concentrarte en algo por un determinado período de tiempo. Es eso lo que quiero que hagas con tu nueva rutina de ejercicios y tu plan de dieta. Permanece enfocado sin importar qué. Permanece enfocado en el objetivo a tu alcance. Permanece enfocado en tu nuevo estilo de vida. Trabaja en ello todos los días ya que es tu vida y depende de ti y de nadie más hacerla mejor.

Cómo ponerte en forma 24 horas al día

Hablamos acerca de incrementar tu TMR en el último capítulo pero ahora vamos a ello en más detalle.

Paso 1: Comienza por hacer más ejercicio, preferentemente los ejercicios que implican el incrementar la cantidad de músculo en tu cuerpo. Tu cuerpo tendrá que regenerar el tejido muscular durante la noche y esto contribuirá a quemar más energía. Al hacer esto, perderás o ganarás peso (dependiendo de tu meta) y te pondrás en forma durante todo el día!

Paso 2: Sigue las instrucciones nutricionales descritas en el capítulo 1. Comer mejor y en horarios programados cambiará los efectos de corto y largo plazo que tendrá tu cuerpo y mente con el tiempo al reducir la grasa y el consumo de azúcares simples. Esto te ayudará a tener un mejor mecanismo de defensa que en su momento te protegerá de enfermarte o lastimarte. Le dará un empujón a tus niveles de energía así como prevendrá futuros problemas de salud como obesidad y padecimientos del corazón. Esto es solo por nombrar algunos de los achaques más comunes que afectan a nuestra sociedad hoy.

Paso 3: Los no atletas necesitan tomar un mínimo de 6 a 8 vasos de agua durante el día, <u>especialmente un vaso al despertar y otro antes de ir a la cama.</u> Siendo un levantador de pesas, necesitas tomar de 6 a 10 vasos de agua.

El Modo Correcto de Beber Agua

La ingesta de agua antes del ejercicio, durante el ejercicio y después del ejercicio debería ser planeada correctamente

A) Antes de entrenar o competir consume de 14 a 18 onzas de agua dos horas antes de cualquier ejercicio. El lapso de dos horas es suficiente para hidratar por completo el cuerpo y dejar suficiente tiempo para que el exceso de agua salga del sistema.

Toma de 5 a 7 onzas de agua justo 15 minutos antes del entrenamiento

B) Durante el entrenamiento o competencia un levantador de pesas debe mantener constantemente hidratado el cuerpo cada 20-25 minutos con 5 a 10 onzas de agua. Las bebidas deportivas son buenas fuentes de sodio el cual necesita ser reemplazado en la competencia pero debe mezclarse con algo de agua para diluir el alto contenido de azúcar que normalmente tienen para darles buen sabor.

Los levantadores de pesas que sudan en exceso deben consumir 1.5 gramos de sodio y 2.3 gramos de cloro cada día (o 3.8 gramos de sal) para reemplazar la cantidad perdida durante la transpiración. La cantidad máxima no debe exceder los 5.8g de sal al día (2.3g de sodio). Consulta con tu doctor si tienes alguna de estas condiciones medidas: presión sanguínea elevada, padecimiento coronario del corazón, diabetes, enfermedad del riñón, etc. Estos levantadores de pesas deben evitar consumir sal en niveles altos. Los atletas de resistencia y otros individuos que están involucrados en actividades extenuantes tienen permitido consumir más sodio para compensar las pérdidas del sudor. Los carbonatos en las bebidas deportivas también ayudan a los músculos a tener un mejor desempeño. Los levantadores de pesas deben tener también una adecuada ingesta de 4.7g de potasio al día para evitar los efectos de la sal, presión sanguínea baja, y reducir el riesgo de piedras en el riñón y pérdida de hueso. Los levantadores de pesas también deben comer alimentos ricos en potasio como las bananas y las pasas.

C) Después de entrenar o competir un levantador de pesas debe reemplazar todos los fluidos perdidos bebiendo aproximadamente 20 onzas de fluido por cada libra de peso perdido.

Paso 4: Duerme al menor 5 horas pero no más de 10 horas por día y toma siestas cortas durante el día si sientes que necesitas de más descanso. El dormir permite que tu cuerpo se recupere del desgaste que experimentas todos los días. También es un buen momento para que tu cuerpo se recupere y que puedas continuar entrenando el siguiente día. Dormir es una excelente forma de aliviar a tu cuerpo y tu mente de cualquier exceso de estrés que se haya acumulado durante el día. Dormir es importante así que asegúrate de contar con suficientes horas de sueño cada noche.

Paso 5: Trabajar tu resistencia cardiovascular es una excelente manera de acelerar tu metabolismo lo cual a la vez fortalecerá tu corazón. Asegúrate de realizar lo más que puedas de ejercicio aeróbico con lastimarte. Además de los ejercicios estáticos y el estiramiento, los ejercicios aeróbicos te proporcionarán una de las más importantes herramientas que puedas tener para aumentar tu tasa metabólica en reposo de la cual hablamos en el último capítulo. Algunas buenas opciones de ejercicios aeróbicos que puedes entrenar de forma cruzada son: correr, nadar, saltar, andar en patines, esquiar, remar, karate y deportes que requieran cualquier combinación de estos. Un buen ejercicio cardiovascular que puedes hacer después del almuerzo es subir y bajar escaleras a un ritmo lento y con un nivel de intensidad bajo. Si trabajas o vives en un edificio con escaleras, asegúrate de aprovechar esto. Un edificio con dos pisos sería suficiente ya que puedes subir y bajar los mismos escalones. Asegúrate de hacer esto al menos 5 minutos para que valga la pena. Después de comer, siempre intenta hacer algún tipo de ejercicio aeróbico de baja intensidad aparte de subir y bajar escaleras. Este podría ser uno de los cambios más importantes que hagas sobre el mejoramiento de tu salud y condición en general.

Nuestra meta en este capítulo es acelerar de forma natural tu metabolismo permaneciendo tan activo como sea posible durante todo el día, lo que incrementará tu TMR. Un metabolismo más rápido ayuda a tu cuerpo a permanecer delgado y en forma pero querrás asegurarte de hacer esto de forma natural (sin el uso de sustancias artificiales) y de forma gradual para que esos cambios se mantengan fácilmente en los meses y años venideros.

UNA EXPLICACIÓN SENCILLA SOBRE PERDER, GANAR Y MANTENER EL PESO CORPORAL

Perder, ganar y mantener el peso son simples matemáticas. Si consumes 1 unidad de comida y ejercitas 1 unidad, tendrás una ecuación matemática simple parecida a esta:

$$1 - 1 = 0$$

Significa que si te ejercitas en la misma cantidad de lo que comes (en unidades) deberías ganar poco peso o no ganarlo en absoluto.

Ahora, si consumes 1 unidad de comida y ejercitas "0" unidades, tendrás una ecuación parecida a esta:

$$1 - 0 = 1$$

Significa que has ganado "1" unidad de peso. (Uso el término "unidad" para simplificar las cosas pero se refiere a la cantidad de peso.) Esto simplemente significa que cada día que comas y no te ejercites, ganarás peso porque tendrás un excedente.

Por último, si consumes "1" unidad de comida y ejercitas "2" unidades, tendrás una ecuación parecida a esta:

$$1 - 2 = -1$$

Significa que habrás perdido una unidad de peso.

Nota importante: El no consumir ninguna unidad de comida (no comer) no es una opción pues esto hará más mal que bien. En lugar de alcanzar tus beneficios estarás retrasándolos e incluso causando problemas de salud irreversibles. Necesitas comida para sobrevivir. Es una necesidad básica de la vida.

¿QUÉ SIGNIFICA TODO ESTO?

La cantidad y calidad del ejercicio que realices determinarás si pierdes, ganas o mantienes tu peso. Dependiendo de cuales sean tus metas, esto podría hacer tu vida más saludable. Sólo asegúrate de seguir un plan nutricional que sea adecuado para ti y tu estilo de vida. Revisa el capítulo 1 para más información sobre lo que deberías estar comiendo y las cantidades. Precaución! No te vayas a los extremos. Hay personas que caen enfermas por irse a dietas extremas que a final de cuentas les hacen más daños que beneficios. Abajo hay algunos ejemplos de los extremos que querrás evitar:

EJEMPLO 1

Comer azúcares simples y grasas, y NO consumir comida con valor nutricional reducirá tu potencial de resultados de desempeño y disminuirá tu calidad de salud en los próximos años. Una dieta balanceada es necesaria para estar en forma. Aunque esto no se consideraría una dieta extrema se sugiere de todas formas que te alejes de las comidas enlatadas y empacadas, además de comidas con alta cantidad de grasa no derivada de fuentes naturales.

Las fuentes naturales de grasa serían aguacate, nueces, aceite de oliva, etc. y son buenas para ti pero en las porciones correctas.

EJEMPLO 2

Si eres un levantador de pesas que realiza mucho ejercicio de cardio y no consumes ningún carbohidrato como pan, arroz y pasta. Puede afectar seriamente tu desempeño así como tu bienestar. Eliminar los carbohidratos completamente de tu dieta podría no ser una decisión inteligente. Si este es el caso, deberías consumir algún tipo de carbohidratos durante el día para mantener las reservas de energía correctas que tu cuerpo necesita. Todavía puedes controlar tu peso corporal pero tienes que consumir un mínimo de nutrientes de una variedad de grupos alimenticios y esto incluye los carbohidratos.

EJEMPLO 3

Comer mucho y no ejercitarte. Es lo que este libro está tratando de prevenir. Este libro te ayudará definitivamente a ponerte en forma y mejorar la forma de tu cuerpo para tener el cuerpo que siempre has deseado como levantador de pesas. Haz prioritario el balancear tu vida nutricional todos los días con entrenamiento cardiovascular.

EJEMPLO 4

El no dormir lo suficiente puede afectar severamente tu condición física y mental durante el entrenamiento y la competencia. Dormir permite que te recuperes y te desempeñes mejor en todos los aspectos de tu vida. Toma los pasos necesarios para controlar la cantidad y calidad de sueño.

CAPÍTULO 4

MEJOR DESEMPEÑO A TRAVÉS DE LOS ANTIOXIDANTES

Cambia tu estilo de vida nutricional ahora para obtener resultados a largo plazo y tiempos de recuperación más rápidos

Un número de elementos en nuestro cuerpo, tales como la luz del sol y la contaminación en nuestro medio ambiente producen oxidación, lo que lleva a la producción de peligrosos componentes químicos llamados radicales libres. Los radicales libres pueden causar daño celular serio, lo que es un camino común al cáncer, envejecimiento y una variedad de otras enfermedades. Los radicales libres son altamente reactivos y plantean una amenaza mayor al reaccionar con membranas celulares en reacciones en cadena que llevan a la muerte de esas células. Los antioxidantes son moléculas que pueden ayudar a destruir los radicales libres para que el cuerpo se libere de los peligros asociados con los radicales libres. Además, los levantadores de pesas deberían tener un interés particular en ellos debido a las preocupaciones de salud y a la perspectiva de un desempeño y/o recuperación mejorado después del ejercicio. La forma en la que trabajan los antioxidantes es que estos reaccionan con los radicales libres y apagan la reacción en cadena, llevando a la muerte a las células ADN y salvándolas de esta manera.

Las fuentes principales de antioxidantes son:

1. Vitamina E: Es un antioxidante y ayuda a proteger a las celular del daño También es importante para la salud de las células sanguíneas rojas. La vitamina E se encuentra en muchas de las comidas como los aceites vegetales, nueves y vegetales de hoja verde. Los aguacates, germen de trigo y granos enteros también son buenas fuentes de esta vitamina.

2. Beta-caroteno: Es un precursor de la vitamina A (retinol) y está presente en el hígado, yema de huevo, leche, mantequilla, espinacas, zanahorias, tomates y granos.

3. Vitamina C: Es necesaria para formar el colágeno, un tejido que ayuda a mantener a las células juntas. Es esencial para tener huesos saludables, dientes, encías y vasos sanguíneos. Ayuda a que el cuerpo absorba el hierro y el calcio, mejora la cicatrización y contribuye a las funciones cerebrales. Encontrarás altos niveles de vitamina C en los frutos del bosque rojos, kiwi, pimientos rojos y verdes, tomates, brócoli, espinaca y jugos hechos de la guayaba, toronja y naranja

4. Selenio: Es un elemento de vestigio y también un importante antioxidante.

Algunos Antioxidantes Populares se Mencionan Abajo:

El fortalecer a nuestro sistema inmunológico te ayudará a absorber los antioxidantes y a protegerte de los radicales libres lo cual puede hacerse mediante el ejercicio. Es por lo cual una combinación de entrenamiento cardiovascular y de pesas en combinación con antioxidantes añadidos en tu dieta mejorarán tu desempeño y te permitirán tener menos días sin energía o días de enfermedad. Al consumir más antioxidantes tu fase de recuperación será más rápida y esto te permitirá competir más pronto que lo normal.

Proyecta la Imagen Adecuada mediante una Mejor Postura para Ganar Más

Los estudios muestran que los levantadores de pesas que proyectan una fuerte imagen positiva son más propensos a ser exitosos y tener un sistema inmune más fuerte. El tener un sistema inmune más fuerte te mantendrá más saludable y menos propenso a lesiones lo cual significa que tendrás más posibilidades de ganar más simplemente porque podrás competir más seguido.

El cambio definitivo de la era del cavernícola a la nuestra es la postura. Por alguna razón, algunos levantadores de pesas lucen como si estuvieran de vuelta a la era de las cavernas. Quizás algunos levantadores de pesas tienen esta postura jorobada porque no trabajan en sus ejercicios de flexibilidad y fortalecimiento de espalda o quizás por una falta de autoestima. Cualquiera que sea la razón, la postura de un levantador de pesas dice mucho acerca de cómo se sienten y lo que proyectan especialmente a su competencia. Mostrar una falta de confianza a tu competencia sólo los motivará a ellos a ser mejores. Para tener más éxito como levantador de pesas comienza por mostrar más confianza a través de una buena postura incluso cuando no estés compitiendo.

La mayoría de nosotros olvida que a como envejecemos, nuestras espaldas se joroban más y se hace difícil permanecer rectos. Yo preferiría trabajar en tener una buena postura ahora que hacerlo después porque quizás ese momento nunca va a llegar. Olvidé mencionar que el no pararte derecho te hace lucir más gordo también. Así que si quieres empezar a lucir delgado, comienza por pararte derecho! Por esta y por muchas otras razones, es esencial enfocarte en tu postura.

Muchos no le han dado importancia pero te puede ayudar a conseguir una mejor figura más rápido de lo que te imaginas. ¿Sabías que al caminar en una posición encorvada estás haciendo a tus músculos estomacales más flojos y así promueves esa forma de músculos abdominales? No es un buen hábito que deberías tener. Al caminar derecho estás trabajando tus abdominales.

La postura es un asunto de hábitos

Debes concentrarte en mantener una postura derecha todo el tiempo. Enfócate en mantener una buena postura cuando camines, cuando te sientes o te pongas de pie. La postura es también muy importante cuando comes pues ayuda a la comida a pasar a través de tu sistema digestivo más fácil que si estuvieras encorvado. Masticar mejor tu comida contribuyes a la reducción o, mejor aún, a la prevención de asuntos relacionados con la digestión o reflujo de ácidos.

Además, *considera que sin importar lo duro que trabajes y qué tan buen cuerpo tengas, si te encorvas, sólo arruinas la fotografía (la imagen tuya y lo que proyectas a los otros) y haces que ese esfuerzo casi pase desapercibido.* Por esta razón en específico, quiero recordarte lo importante que es que te concentres, trabajes y hagas el hábito de pararte, sentarte y caminar con una posición derecha.

Los puntos principales para tener una mejor postura son:

1. Tus hombros deben estar relajados y por debajo de la altura de tu cuello.
2. Tu pecho debe estar hacia afuera y los hombros hacia atrás.
3. Tu Cabeza necesita estás perpendicular respecto al suelo. (Imagina que dibujas una línea recta desde tu barbilla hasta el suelo.)
4. Tus ojos deben están enfocados en el horizonte y NO en el sueño.

Abajo hay algunos ejemplos de diferentes posturas que te ayudarán a entender nuestro punto.

MALA POSTURA	BUENA POSTURA

La primer imagen muestra cómo el mantener su cabeza mirando hacia abajo de hecho promueve una postura doblada. La segunda imagen muestra una postura de pie perfectamente derecha y debería ser así como te veas cuando te pares derecho.

MALA POSTURA	**BUENA POSTURA**
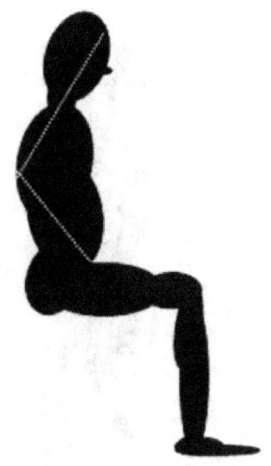	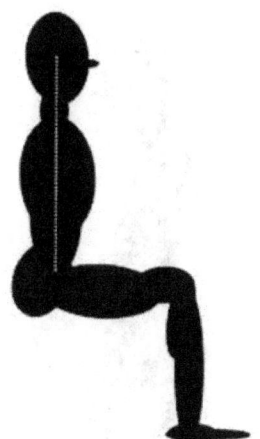

La primer imagen muestra un ejemplo de cómo no sentarte y puedes ver la postura inclinada y el área abdominal dobladas. La segunda imagen muestra una postura perfectamente recta mientras se ve hacia el frente y con el área abdominal hacia dentro.

La Guía Definitiva para la Nutrición del Entrenamiento con Pesas

MALA POSTURA **_BUENA POSTURA_**

La primer imagen muestra una postura impropia al caminar con un encorvamiento mientras se mira hacia abajo. La segunda imagen muestra la posición correcta al caminar que deberías tener, con una espalda recta y mirando hacia abajo. Nota que el área abdominal no se está doblando hacia afuera como en la primer imagen.

CAPÍTULO 5

TÚ ERES LO QUE COMES

Comprométete a mejorar tu mente y tu cuerpo

¿Esto te suena extraño? "Tú eres lo que comes" Es una oración simple con mucho significado. Lo que haces durante el día o para ganarte el sueldo determina el tipo de actividades que harás tanto física como mentalmente. Te vuelves más activo o sedentario dependiendo de cómo gastes tu tiempo y lo que comas. Esto determina quién eres al final.

Cambiando tus hábitos

Cambia tus hábitos al cambiar tu estilo de vida dietético, mental y físico. <u>Esto significa ser capaz de hacer las mismas cosas que ya haces actualmente pero reemplazando algunas comidas por otras más saludables y orgánicas.</u> Con el paso del tiempo te sentirás más fuerte, más flexible y lleno de energía a causa de los nutrientes con los que alimentas a tu cuerpo. *¿Cómo pasas de comer alimentos chatarra a saludables?* Esto básicamente se logra mediante disciplina y constancia. Usa los alimentos diarios programados en los primeros capítulos de este libro como una guía para lograrlo. Con el tiempo estarás <u>comiendo mejor y haciéndolo un hábito diario y ese debería ser una de tus metas primarias.</u>

Sacando lo mejor de tu situación particular

Nunca te sientas mal de ti mismo. Siempre hay alguien en una situación peor. Si tienes una espalda lastimada y te duele al caminar, allá afuera hay probablemente alguien que no puede caminar, por lo que agradece. Si tienes problemas de rodillas, en lugar de quejarte alégrate por tener piernas. Estos ejemplos son un poco drásticos pero van al punto. Si quieres comenzar, tienes que asegurarte que no tengas excusas para que estas no te detengan. Si te duele la espalda, nada. Si te duelen las rodillas, fortalécelas o trabaja en la parte superior de tu cuerpo. Si te duelen los hombros, trabaja en tus abdominales o piernas. Aprende a improvisar.

Clima diferente

Si vives en un lugar en donde el clima es terrible, no te tienes que preocupar de mucho ya que la mayoría de estos ejercicios se pueden realizar también en interiores. Si hace calor allá afuera entonces aprovecha los ejercicios en la piscina. Si hace frío afuera, realiza los ejercicios de interiores. Solamente no te quedes quieto

Si sientes que tener un mejor plan nutricional o de dieta es caro

Si este es tu caso intenta encontrar alternativas a las comidas descritas en este libro. En lugar de ir a un supermercado principal, intenta acudir a una tienda de alimentos de descuento o a una que venda en grandes cantidades. Si piensas seguir la dieta deberás tener lo necesario para los próximos meses por lo que también podrías comprar en grandes cantidades si eso ayuda a bajar el costo. Otra forma de economizar es encontrando a un compañero de entrenamiento para trabajar contigo y que pueda compartir los costos de comida, si ese es el caso. Nunca dejes que el dinero se convierta en la razón para no tener una mejor figura o estar saludable!

Recuérdate a ti mismo entrenar y seguir este plan nutricional

Una forma sencilla de recordarte a ti mismo que tienes que entrenar y seguir el plan nutricional es llevar este libro contigo. Así siempre tendrás los ejercicios a la mano en cualquier momento. Otra forma grandiosa de recordarte que tienes que entrenar el comer a tus horas adecuadas es usar un reloj con alarma para que te lo recuerde cada hora o cada tres horas cuando necesites ponerte atención. Si te cansas del reloj, te tengo otra forma grandiosa de recordártelo a ti mismo. Intenta colocar tus zapatillas o ropa de entrenamiento en el piso cerca de tu cama o en la puerta. Cada que te levantes o simplemente camines hacia la puerta, verás tus zapatillas y recordarás lo que debes estar haciendo. Si dejas tus zapatillas y ropa en la puerta, deberías saber que no vas a dejar tu habitación hasta terminar con el entrenamiento. Tienes que prepararte para tener éxito y así es como lo haces. Ayúdate a ti mismo haciendo estas pequeñas cosas que hacen una gran diferencia cada día.

Recuérdate a ti mismo resistir a las tentaciones.

Ve al refrigerador y saca toda la comida que no deberías comer. Limpia el refrigerador entero si es necesario. Organiza las repisas para que sepas lo que debes comer para el desayuno, almuerzo y cena. Hazlo más fácil para ti el comer lo que sabes que deberías estar comiendo. Mantén únicamente comida fresca ya que no querrás enfermarte. Muchas personas tienen refrigeradores llenos de comida que acumulan durante meses y no se toman el tiempo de botar la comida vencida. En el refrigerador, mantén las frutas y los vegetales en bolsas Ziploc® y en los compartimentos inferiores para asegurar que se mantengan frescas el mayor tiempo posible. <u>Coloca tu plan de dieta en la parte exterior del refrigerador, en tu habitación y en tu oficina para enfocarte.</u>

No dejes que otros te desanimen

Tú debes convertirte en tu mejor fan, animándote y empujando fuerte cada día para apegarte al plan de dieta y ejercicio. Si tienes a otras personas diciéndote que no durarás mucho en tu dieta o que no continuarás con esa rutina de entrenamiento, aléjate de esas personas. Si no puedes alejarte de ellas, aprende a separar el ruido de lo que dicen con lo que es de hecho valioso para ti. Tienes radio y comerciales en la TV junto a los programas y algo de estática. ¿Te enfocas en la estática, la música o los comerciales? La misma cosa pasa en la vida. Siempre tendrás a alguien que haga comentarios sólo por imponer sus ideas o su negatividad. No discutas; en lugar de ello, encuentra personas que quieran lograr las mismas cosas que estás tratando de lograr. Busca personas que te ayuden a mantenerte enfocado y que realmente quieran que triunfes. Rodéate a ti mismo de personas motivadas, inspiradoras y positivas. Incluso si otros te desaniman, muéstrales que puedes y lograrás realizar esta dieta. Pruébale a tus hijos que puedes hacer lo que propongas en tu mente sin importar lo difícil que parezca.

Cuando sientas que te falta motivación, quiero que te leas a ti mismo lo siguiente:

- ✓ Voy a completar mi entrenamiento hoy.
- ✓ Voy a apegarme a mi dieta y no me voy a desviar de ella.
- ✓ Soy el único que puede decidir si triunfo o no.
- ✓ Es mi responsabilidad proseguir en mi entrenamiento y mi dieta.
- ✓ Puedo hacerlo, por lo tanto lo haré.
- ✓ Soy el resultado de mis acciones.
- ✓ Creo en mí mismo y en mi potencial.

Al leerte esto a ti mismo te sentirás mucho mejor y se mostrará en tus acciones!

Escribe las 10 razones por las que crees que tendrás éxito en completar esta rutina de dieta y ejercicio:

1.

2.

3.

4.

5.

6.

7.

8.

9.

10.

Cuando estés teniendo un mal día lee lo que acabas de escribir arriba. Piensa en lo que pasaba por tu cabeza cuando escribiste esas 10 razones yo lo que deberías de estar pensando ahora mismo. Todos tienen días buenos y malos. La clave es superar los días malos en la mejor manera posible para que los días buenos sean mucho mejores. Recuerda, los resultados que tengas hoy serán producto de los esfuerzos hechos en los días previos.

Escribe los 5 cambios físicos que quieras ver en tu cuerpo una vez que hayas completado esta rutina de dieta y ejercicio:

1.

2.

3.

4.

5.

Escribe los 5 cambios mentales o emocionales que quieras alcanzar una vez que hayas completado esta rutina de dieta y ejercicio: (ej. quiero ser más positivo, me quiero sentir más feliz acerca de mí mismo y mi apariencia, quiero tener menos estrés en mi vida, quiero tener más energía todos los días, etc.)

1.

2.

3.

4.

5.

Escribe 10 metas que tengas para ti mismo acerca del ejercicio, la nutrición y tu vida en general. Completar este plan de ejercicio y dieta debería ser una parte de tu meta general:

1.

2.

3.

4.

5.

6.

7.

8.

9.

10.

CAPÍTULO 6

EL SECRETO PARA TENER LOS MEJORES ABDOMINALES

Consigue el Aspecto que Quieres

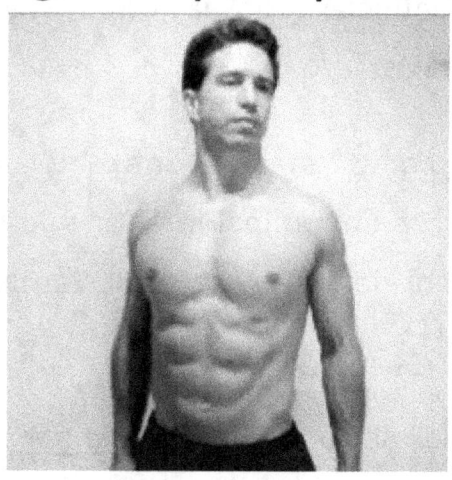

El secreto para tener los mejores abdominales es la variedad. Tienes que entender que tus músculos abdominales están organizados en diferentes cuadrantes que requieren diferentes tipos de ejercicios para obtener los máximos resultados. Tu núcleo es vital sin importar de qué deporte se trate por lo que deberías tomar el tiempo de trabajar seguido en él.

Tu *área abdominal Superior* es la más fácil de definir al principio porque toma forma al hacer la mayoría de los ejercicios abdominales.

El área de abdominales laterales (Oblicuos), son básicamente los lados alrededor del área de tu cintura y te ayudan a pronunciar todas las otras áreas abdominales cuando las trabajas duro.

La *sección media* es un área entre tu área abdominal superior y tu área abdominal inferior que luce grandiosa una vez que está definida y tensa. Están al centro de tu área abdominal.

El área más difícil de formar es tu *área abdominal inferior*. Esa requiere de más ejercicios intensivos de pierna tales como: correr, nadar, patinar, esquiar, saltar, etc. Las rutinas tipo aeróbicas hacen una diferencia en cuanto a tus abdominales inferiores y todo tu cuerpo. Los músculos inferiores de la espalda son un componente importante en todas las rutinas del núcleo. ¿Por qué? Básicamente, cuando sólo trabajas en tu sección abdominal, tus músculos tienen a jalarte hacia adelante y hacerte que jorobes tu espalda. Al trabajar tu _espalda baja_ balanceas el jalón creado a tus músculos abdominales cuando los entrenas y esto ayuda a que tu cuerpo tenga la postura correcta (la cual debe ser recta!). Esto a su vez ayuda a tus abdominales pues ahora ya deberían estar bien y rectas y no llevadas hacia abajo.

La respiración mientras realizas tus ejercicios abdominales son un factor importante para obtener resultados rápidos. Trabajar en tu respiración te ayuda a trabajar la mayor parte de tus músculos abdominales. Esto puede ayudarte a tener abdominales más tonificadas y ceñidas con el tiempo. Intenta expirar mientras aprietas tus abdominales en cada repetición que hagas.

Cada repetición abdominal que hagas mientras expiras contará por tres o cuatro abdominales hechas donde no lo hagas, lo que es igual a tener que hacer menos abdominales y todavía obtener los mismos resultados. Tu cuerpo definitivamente te agradecerá el ser más eficiente.

Soy un firme creyente en el entrenamiento cruzado, lo cual es realizar otros deportes o actividades para ayudarte a mejorar tu deporte principal. Es por ello que sugiero el entrenamiento cruzado con otros deportes que disfrutes pero que no te lastimen. Nadar es vital debido a la cantidad de músculos abdominales que son estirados y jalados al nadar. La gente que ha tenido lesiones de rodillas o dolor de piernas u otros problemas relacionados pueden pasar más tiempo en la piscina y obtener los mismos, o mejores resultados que al no hacerlo.

El combinar rutinas de abdominales superiores con rutinas de abdominales inferiores te ayudará a tener músculos abdominales bien definidos pero todavía tendrás que asegurarte de vigilar tus abdominales laterales y espalda baja. Trabajar mucho tus abdominales y no tu espalda inferior causará un desbalance en la cantidad de jalones que crean y esto puede tender a encorvarte cuando te sientes o te pares así que asegúrate también de entrenar suficientes ejercicios de espalda. Al combinar ejercicios que usan todos tus músculos abdominales, crearás una sección de núcleo fuerte pero recuerda que los buenos ejercicios de cardio te ayudarán a perder grasa corporal más rápido. El hacer ejercicios de cardio intensos y combinarlos con ejercicios abdominales te llevarán a mejores resultados.

El estiramiento es una excelente forma de prevenir lesiones y te ayuda a esculpir tu cuerpo. Modelar tu cuerpo de la forma en que quieres que luzca requiere algún tipo de estiramiento, además que no lucirás ni te sentirás rígido. He encontrado que el estirarte antes y después del entrenamiento ayuda a prevenir dolores, especialmente el día posterior al entrenamiento así que toma tiempo para estirarte. Los ejercicios de estiramiento que describo en el último capítulo son muy buenos para tu cuerpo. Deberías intentarlos a tu propio ritmo y aumentarlos gradualmente a niveles de flexibilidad más altos.

Recuerda tomar un día a la semana libre para permitir que tus músculos se recuperen. Si sientes que necesitas tomar un día libre sí y otro no, entonces está bien porque esto se trata de mejorar gradualmente, así que hazlo. Tomar un paso hacia adelante cada día es la clave para obtener resultados. Un paso adelante es mejor que tres pasos adelante para terminar lastimado y tener que tomar cuatro pasos hacia atrás sin nada qué mostrar.

Esta no es una carrera así que asegúrate de completar el ejercicio a tu propio ritmo y no al de alguien más!

La mejor manera de entrenar los músculos abdominales es haciendo circuitos. El entrenamiento abdominal por circuitos significa realizar diferentes ejercicios abdominales y después repetir esos mismos en grupos subsecuentes. En las siguientes páginas se proporcionará una representación visual. Al cambiar constantemente cada ejercicio abdominal estás permitiendo que diferentes grupos abdominales descansen mientras trabajas en otro grupo de músculos.

Mi Ejercicio Abdominal Favorito

1. Abdominales en tijera
2. Talones arriba, manos detrás de tu cabeza y después levanta.
3. Arriba, arriba, arriba y después las caderas hacia arriba y hacia abajo de nuevo.
4. De lado, de lado y todo hacia el centro.
5. Las laterales con la rodilla y el hombro arriba.
6. La espalda hacia abajo.
7. Brazos y piernas estiradas y después juntas mirando hacia arriba.

Haz 15 repeticiones de cada una y repite la rutina entera 3 veces. A medida que te sientas más cómodo con la rutina intenta incrementar el número de repeticiones a 20 o más e incrementa el número de veces que completes la rutina a 5.

Asegúrate de estirar tus músculos abdominales y de la espalda con estos tres estiramientos al final de la rutina completa:

1. Estiramiento abdominal
2. Estiramiento de espalda
3. Estiramiento lateral

Una vez que hayas terminado de estirarte mantén una postura derecha durante el día para acostumbrar a tus músculos del núcleo a mantener una forma apropiada. Mucha gente trabaja sus músculos del núcleo y después se aleja caminando encorvada, lo cual es contraproducente. No hagas este error. Mantén una buena postura y verás resultados más rápidos!

1. Abdominales en tijera con patada

2. **Talones arriba, manos detrás de tu cabeza y después levanta.**

3. Arriba, arriba y después las caderas hacia arriba y hacia abajo de nuevo.

4. De lado, de lado y todo hacia el centro.

5. Las laterales con la rodilla y el hombro arriba.

6. La espalda hacia abajo.

7. Brazos y piernas estiradas y después juntas mirando hacia arriba.

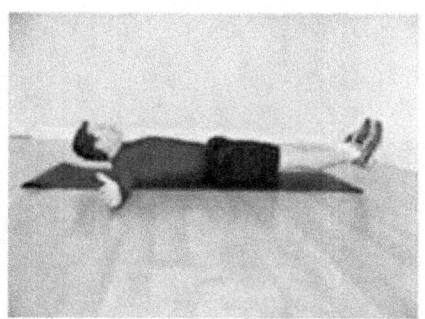

Estiramientos para terminar la rutina:

1. Estiramiento abdominal

2. Estiramiento de espalda

3. Estiramiento lateral

www.ingramcontent.com/pod-product-compliance
Lightning Source LLC
Chambersburg PA
CBHW070147080526
44586CB00015B/1882